少林武术精粹系列丛书

少林拳（一）

德虔　德炎　编著

北京体育大学出版社

责任编辑：任　侠
责任校对：吕　哲
版式设计：李　鹤

图书在版编目（CIP）数据

少林拳. 一 / 德虔, 德炎编著. -- 北京 : 北京体育大学出版社, 2022.1
（少林武术精粹系列丛书）
ISBN 978-7-5644-3563-9

Ⅰ. ①少… Ⅱ. ①德… ②德… Ⅲ. ①少林拳 – 套路 (武术) Ⅳ. ①G852.15

中国版本图书馆CIP数据核字(2022)第007613号

少林拳（一）
SHAOLINQUAN(YI)
德虔　德炎　编著

出版发行：北京体育大学出版社
地　　址：北京海淀区农大南路1号院2号楼2层办公B-212
邮　　编：100084
网　　址：http://cbs.bsu.edu.cn
发 行 部：010-62989320
邮 购 部：北京体育大学出版社读者服务部 010-62989432
印　　刷：北京昌联印刷有限公司
开　　本：880mm × 1230mm　　1/32
成品尺寸：148mm × 210mm
印　　张：1.5
字　　数：30千字
版　　次：2022年1月第1版
印　　次：2022年1月第1次印刷
定　　价：10.00元

（本书如有印装质量问题，请与出版社联系调换）

前　言

武术作为中国的国粹，是中华民族传统文化的组成部分。家喻户晓的少林武术便是其中极具代表性的门类，是中国武术的重要象征。

我社与少林武术结缘已久，伴随着时光的流逝，有多种内容、多样组合、各种形式的载有少林武术的出版物，源源不断地从我社注入市场，为方兴未艾的少林武术热潮平添了更高的热度。可以说，少林武术图书一直与我社相伴相随，成为我社具有长期出版价值的图书门类。其中，少林武术图书的编纂者——已故的王长青（法号释德虔）先生功不可没。他经年累月锲而不舍，寻于寺院、觅于乡间，挖掘出大量尘封的少林武术资料，继而分门别类梳理、整饬成一册册书稿，并与我社携手努力，打造出独树一帜的武术图书板块，为我社的武术图书出版打开了新局面。

今天，在着力弘扬中华优秀传统文化，树立和增强文化自信的大背景下，我社将以往出版的少林武术书籍重新进行了编排，以全新的面貌推出"少林武术精粹系列丛书"，这是我社多年来少林武术出版情结的延续，是对积累和沉淀的少林武术资源的再一次整合与展示，更紧密契合了时代的要求。

通过这套书，读者可以研习刚柔相济、闪转腾挪的少林功夫，可以感悟其中凝结的中华智慧，可以领略武术文化的博大精深……这便是我社对这套书出版价值的期待。

目　录

少林一路小洪拳

动作名称

预备势
1.怀中抱月
2.白云盖顶
3.上步推掌
4.抱手束身
5.上步推掌
6.转脸扳手
7.上步推掌
8.转脸绷腿
9.上步摆脚
10.右斜行
11.抱肘束身
12.劈　腿
13.左斜行
14.撂　手
15.狮子大张嘴
16.左右云顶
17.七　星
18.单　鞭
19.抱肘束身
20.上步抢手
21.旋风脚
22.恨脚冲天炮
23.蝎子摆尾
24.狮子大张嘴
25.上步推掌
26.端掌退两步
27.转脸扳手
28.上步推掌
29.转脸提腿
30.采　脚
31.右盘肘
32.劈　腿
33.左盘肘
34.撩　手
35.狮子大张嘴

36.左右云顶
37.七　星
38.单　鞭
39.抱拳束身
40.上步抢手
41.右采脚
42.右左三推掌
43.左采脚
44.左右三推掌
45.饿虎扑食
46.恨脚海底炮
47.上步阳拳
48.侧耳炮
49.满肚痛
50.滚手束身
51.上步推掌
52.半个云顶平心炮
53.坐　山
收　势

动作图解

预备势

身体直立。两臂下垂，五指并拢，掌心向里，接着抱拳置于腰间，拳心向上。目视前方。（图1）

1.怀中抱月

两脚开步。两拳变掌，经体侧摆向胸前，于腹前相叠，两掌心向上，右掌在上，左掌在下。目视前方。（图2）

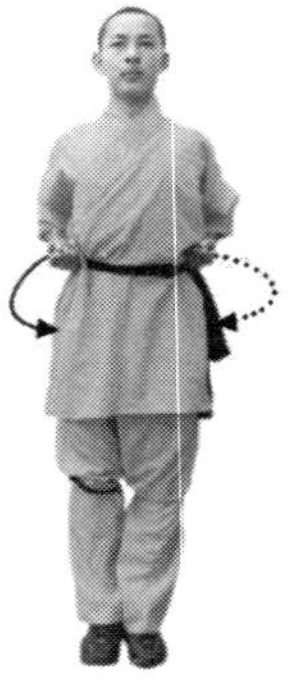

图 1

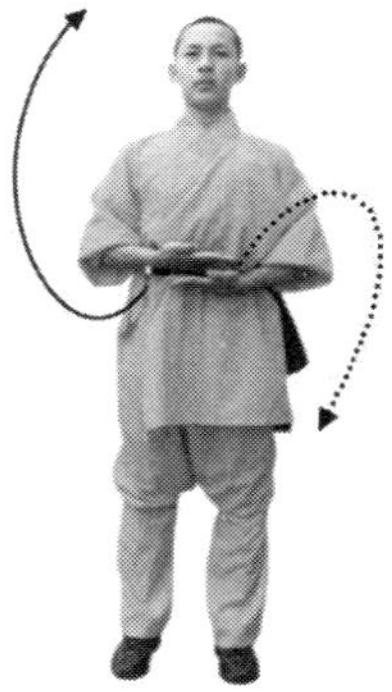

图 2

2.白云盖顶

右掌由胸前经体侧向上画弧，架于头上前方，掌心向上，掌指向左。左掌由胸前经体侧画弧下垂，左臂伸直，掌心向内，掌指向下，紧贴于大腿外侧。目视左侧。（图3）

3.上步推掌

左脚向左迈一步，向左转体90度，左腿屈膝成左弓步。左掌经

胸前成侧立掌向前推出，掌心向外，掌指向上。右掌经体侧下落端于腰间。目视左掌。（图4）

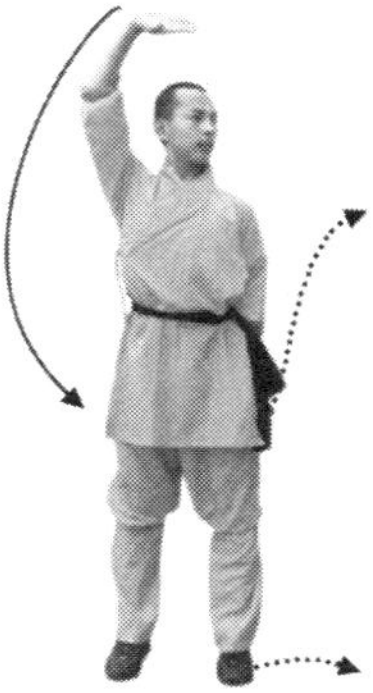

图 3

图 4

4.抱手束身

向右转体90度，右脚不动，左脚收于右脚内侧，脚尖点地成丁字步。两掌变拳，左拳经右腋下掏出，向外垂臂下击，拳落于左大腿外侧，拳心向外。右臂向右屈肘、夹肋，右拳上冲，拳心向后，落于右耳下方。同时两腿半蹲。目视左侧。（图5）

5.上步推掌

起身，左脚左上一步，向左转体90度，左腿屈膝成左弓步。两拳变掌，左掌经胸向前以侧立掌推出，掌心向外，掌指向上，右掌经体侧下落平端于腰侧。目视左掌。（图6）

6.转脸扳手

两脚踹地，向右转体180度成右弓步。右掌经胸前绕上，向前

微屈肘成正立掌扳出，掌心向内，掌指向上。左掌随势向下绕弧收回。目视右掌。（图7）

图 5

图 6

7.上步推掌

右脚不动，左脚前上一步，左腿屈膝成左弓步。左掌经胸前推出成侧立掌，肘关节微屈，掌心向外，掌指向上。右掌向内绕弧收回腰侧。目视左掌。（图8）

图 7

图 8

8.转脸绷腿

两脚踝地，向右转体180度，随势提左膝成独立势。两掌经体侧向前摆，同时拍击左膝盖，两掌心向下，掌指向前。目视前方。（图9）

9.上步摆脚

左腿落地，右腿向前上方弹摆。两掌顺势经左侧绕摆拍击右脚面，击出脆响。目视两掌。（图10）

图 9

图 10

10.右斜行

右脚向前落地，重心前移成右弓步。两掌变拳，经胸前时向前后击打，肘微屈。上向右转体90度。两拳心向下，两臂平行。目视右侧。（图11）

11.抱肘束身

向左转体180度，右脚收于左脚内侧近处，脚尖点地成右虚步。

两拳回胸前环弧，右臂压于左臂上。左拳经下向上画弧屈肘、夹肋，拳竖于胸左侧。右拳经后向上再向下绕弧，垂臂落于右大腿外侧，拳心向外。同时两腿半蹲。目视右侧。（图12）

图 11

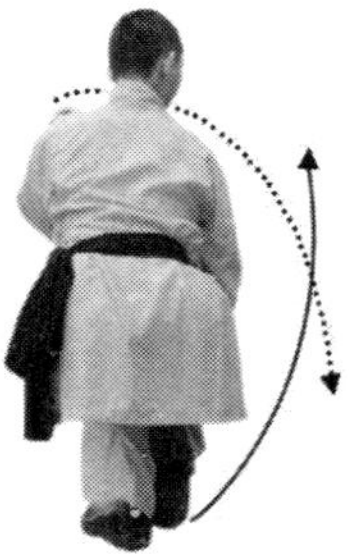

图 12

12.劈　腿

向右转体90度，左腿向前上方弹踢。左拳变掌，经体侧绕弧向后下方劈，掌心向内。右拳抱于腰间。目视前方。（图13）

13.左斜行

左脚向前落地，重心前移成左弓步。左掌变拳，经体侧摆至胸前。右拳后抖，经体侧绕弧前贯至胸前。两臂屈肘平顶随势向左后转体，两臂平行，两拳心向下。目视左后方。（图14）

14.摞　手

两脚踉地，向右转体180度，左腿全蹲，右腿伸直成右仆步。右拳变掌随势经胸前绕弧向右下方平摞，掌心向下。目视右前方。（图15）

15.狮子大张嘴

右腿上步屈膝，左腿蹬直成右弓步。左拳变掌经下向外上方画弧后架于头上前方，掌心向上。右掌经左向右前方绕弧，反掌落于右膝上，掌心向前，掌指向下。目视前方。（图16）

图 13

图 14

图 15

图 16

16.左右云顶

左脚前上一步，两腿屈膝成高马步。左掌经左向右后方沿头顶绕一周。右掌收回腰间。目视前方。（图17）

右脚前上一步成右弓步。左掌经后绕弧收于腰间，掌心向上。右掌经前绕弧上举于头顶，由左向右绕头一周。目视前方。（图18）

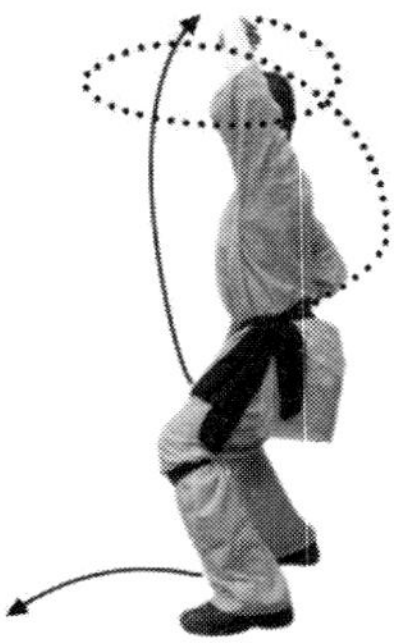

图 17

图 18

17.七　星

左脚前上半步，脚尖点地成虚步，两腿微屈膝。两掌变拳，右拳经后绕弧落下，同时向前击出，高与肩平，拳心向下。目视前方。（图19）

18.单　鞭

左脚向后退一步，两脚踉地，向左转体90度，两腿屈膝成马步。两臂屈肘收于胸前内旋后，向两侧展臂击出，高与肩平，拳心向下。目视左侧。（图20）

图 19

图 20

19.抱肘束身

左脚收于右脚内侧，脚尖点地成左虚步。两拳由外向内相抱，然后左拳向左下方砸击，落于左大腿外下侧，拳心向外。右拳向右夹肋屈肘上冲，拳心向后，置于右耳际。同时两腿略屈，身体下沉。目视左侧。（图21）

20.上步抢手

左脚左上一步，上向左转体90度，左腿屈膝成左弓步。两拳变掌，左掌向前上方抢出，掌心向上，掌指向前。右掌经前绕弧下拨，收于腰间，掌心向上。目视左掌。（图22）

图 21

图 22

21.旋风脚

左脚蹍地，抬右脚向左前方旋摆。随之向左转体360度。当上身转向原来方位时，左掌拍击右脚掌（响亮）。右掌展于体侧。目视前方。（图23）

22.恨脚冲天炮

右脚落地，身向左转体并步，震脚（响亮）。同时右掌变拳由右向胸前屈肘上冲，拳心向里。左掌变拳由左向右屈肘横击，拳心向里，托于右肘尖下。目视前方。（图24）

23.蝎子摆尾

右脚蹍地，抬左脚，屈膝向左后方摆，顺势向左转体270度，左腿弹踢后落于右脚前一步。两拳抱于腰间。目视左后方。（图25）

24.狮子大张嘴

左腿向左一步落地，左腿屈膝，右腿蹬直成左弓步。两拳变

掌，右掌由下经右向上画弧架于头上前方，掌心向前。左掌经体侧向外下方绕弧后落于左膝上方，掌心斜向上。目视前方。（图26）

图 23

图 24

图 25

图 26

25.上步推掌

收右脚再上左脚成左弓步。左掌从胸前成侧立掌向前推出。右掌经前绕弧下落，平端于腰间。目视左掌。（图27）

26.端掌退两步

右掌前穿，左掌外摆，两臂端掌。抬左脚退后一步。目视两掌。（图28）

图 27

图 28

27.转脸扳手

两脚蹍地，向右转体180度。右腿成右弓步。同时右掌经胸向前以正立掌扳击，掌心向后，掌指向上。左掌经体侧绕弧收回腰间，掌心向上。目视右掌。（图29）

28.上步推掌

左脚前上一步，左腿屈膝成左弓步。左掌经胸侧向前成侧立掌推出，掌心向外，掌指向上。右掌向下绕弧平端于腰间。目视左掌。（图30）

图 29

图 30

29.转脸提腿

向右转体180度，抬左腿向前顶膝。两掌随势由外向内绕弧到胸前，微屈肘，拍贴在左膝盖上，掌心向下，掌指向前。目视前方。（图31）

30.采　脚

左脚落地，右腿向前向上弹踢，脚面绷平。右掌迎向前上方拍击右脚面。左掌变拳抱于腰间。目视右掌。（图32）

31.右盘肘

右脚落于左脚前一步，屈膝成右弓步。右掌变拳，经下绕弧向上架于头上，拳心向前。左拳经右向后上方画弧，然后屈肘以拳顶胸，拳心向下，肘尖向前。目视前方。（图33）

图 31

图 32

图 33

32.劈　腿

左腿向前上弹踢。左拳经前向左，沿左大腿外侧绕弧劈下，置于腿侧。右拳经前落下，抱于腰间。目视前方。（图34）

33.左盘肘

左脚落于右脚前一步，左腿屈膝成左弓步，右拳经体后向前画弧至胸前屈肘横击，拳心向下，肘尖朝前；左拳经左侧向上画弧后，架于头上，拳心向前。目视前方。（图35）

图 34

图 35

34.撩　手

向右转体180度，左腿屈膝全蹲，右腿伸直成右仆步，两拳变掌，随势由左向右下方平撩。目视右掌。（图36）

35.狮子大张嘴

左腿蹬地，重心右移，成右弓步。右掌顺势经后绕弧前穿，置于右膝上，掌心斜向上。左掌经前向上画弧后架于头上，掌心向前。目视前方。（图37）

36.左右云顶

左脚前上一步，成左弓步。左掌经前向右绕头画弧一周，掌心向下，然后经后绕弧由下至上揣于腰间，掌心向上。右掌经前向上绕头画弧一周，然后架于头上，掌心向上。目视前方。（图38）

37.七　星

右脚前上一步，左脚尖点地成虚步。两掌变拳，右拳向前掠下落于胸前。随即两拳向前冲出，拳心向下。两腿略蹲。目视前方。（图39）

图 36

图 37

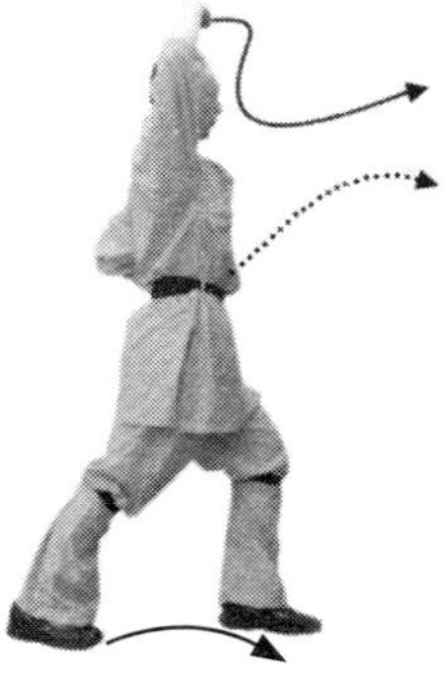

图 38

图 39

38.单　鞭

左脚后撤一步，向左转体90度，两腿屈膝成马步。两拳回胸前，再向两侧击出，高与肩平，拳心向下。目视左侧。（图40）

39.抱拳束身

右脚左跨一步，随势左脚内收，脚尖点地成左虚步。同时右拳经下绕弧收回胸前，左拳经下绕弧向上收回胸前，两臂相抱，左外右内。接着左拳经右向左下方栽击，置于左大腿外侧，拳心向外。右拳经左向右向上屈肘夹肋上冲，拳心向后。两腿略蹲。目视左前方。（图41）

图 40

图 41

40.上步抢手

左脚左跨一步抢上，向左转体90度。右脚随之略前滑，成左弓步。两拳变掌，顺势左掌向上经胸前向前穿出，掌心斜向上，右掌经左绕弧掠下，置于左肘内侧。目视左掌。（图42）

41.右采脚

右腿经前向上弹踢，脚面绷平。右掌向前拍击右脚面，左掌经外侧绕弧握拳抱于腰间。目视右掌。（图43）

图 42

图 43

42.右左三推掌

右脚落于左脚前一步，右腿屈膝成右弓步。右掌顺势向前成侧立掌推出，掌指向上。左拳变掌平端于腰侧。（图44）

上动不停，两脚踝地，向左转体180度，成左弓步。左掌随势向前成侧立掌推出，掌指向上。右掌经前绕弧收回，平端于腰侧。（图45）

上动不停，两脚踝地，向右转体180度，成右弓步。再推右侧立掌。目视右掌。（图46）

图 44

图 45

图 46

43.左采脚

抬左腿经前向上弹踢，脚面绷平。左手向前拍击左脚面，右掌经内绕弧收回，平端于腰间。目视左掌。（图47）

44.左右三推掌

左脚落下，成左弓步。左掌顺势向前劈掌，右掌平端于腰侧。（图48）

上动不停，两脚踬地，向右转体180度，成右弓步。左掌收于左腰间，右掌向前劈击。（图49）

上动不停，两脚踬地，向左转体180度成左弓步。左掌成立掌向前推击，右掌收回腰间。目视左掌。（图50）

图 47

图 48

图 49

图 50

45.饿虎扑食

右脚前跳一大步，向左转体90度，左腿随之提膝，左脚尖向下。伸右掌向前下方抓，上体前探，左手抱于腰间。目视右掌。（图51）

46.恨脚海底炮

左脚向右跨一步，收右脚与左脚并步，震脚（响亮），右掌变拳向左与左掌在胸前下方相击（响亮）。两腿半蹲。目视前方。（图52）

图 51

图 52

47.上步阳拳

右脚向右跨一步，向右转体90度，成右弓步。右拳经下向前上方冲出，拳心向里。左掌变拳抱于腰间，目视右拳。（图53）

48.侧耳炮

右脚后退一步，收左脚，提膝。右拳经下向外上方画弧，架于头右前侧。左拳经下向上画弧再向下扣击，拳落于左膝上，拳心向外。目视前方。（图54）

49.满肚痛

左脚前落一步，成左弓步。右拳由上向前下方冲击，拳心向下。左拳经外绕弧变掌收于左腰前。目视右拳。（图55）

50.滚手束身

向右转体90度，收左脚落于右脚内侧，脚尖点地成虚步。左掌变拳沿右上臂向前下方滚，垂于左大腿外侧。右拳由下向上向右画

弧后屈肘夹肋，置于右耳侧，拳心向里。两腿下蹲。（图56）

图 53

图 54

图 55

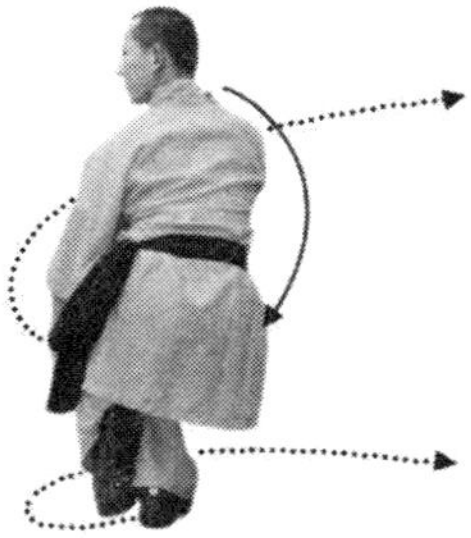

图 56

51.上步推掌

向左转体90度，抬左脚前上一步成左弓步。两拳变掌，左掌从右腋下向前成侧立掌，屈肘推出，右掌平端于腰侧。目视左掌。（图57）

52.半个云顶平心炮

右脚向前上步，向右转体90度。右掌经外侧向上拨，置于头上方，左掌经前绕弧收回腰间。目视左前方。（图58）

抬左脚与右脚并步震脚（响亮）。右掌变拳，左掌向右与右拳在胸前下方相击（响亮）。目视前方。（图59）

图 57

图 58

53.坐　山

先抬右脚，后抬左脚，向左横跳一步，两腿屈膝成马步。右拳变掌经左向右上方画弧后上架于头前上方，掌心向上。左掌经下向左后上方画弧，再向外下劈，按于左膝上，拇指向后。目视左侧。（图60）

收　势

起身，收左脚与右脚并步，身体挺直。两手抱拳放于腰侧。目视前方。（图61）

图 59

图 60

图 61

少林二路小洪拳

动作名称

预备势

1.梅花手

2.敞　门

3.坐虎势

4.左右扬掌

5.夜叉戏海

6.燕子抄水

7.卧势打捶

8.转身打虎

9.合掌摆莲

10.金鸡独立

11.凤凰旋窝

12.转身打虎

13.三响二起

14.枯树盘根

15.二起采脚

16.旋风脚

17.勾跟带腿

18.飞摆莲

19.弯弓射雁

收　势

动作图解

预备势

两脚站立，身体挺直，两臂下垂，两掌五指并拢下按，掌心向下，目视左前方。（图1）

1.梅花手

抬右脚震脚（响亮），左脚向前半步。同时两掌由下经外往上向内画弧，两臂屈肘在胸前交叉成叉手，掌心向外，两腿微蹲。目视前方。（图2）

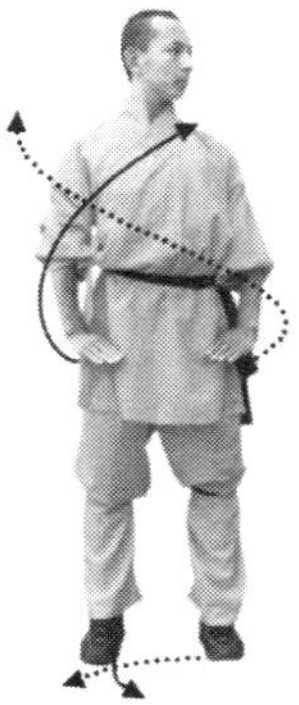
图 1

图 2

2.敞　门

左脚略左移，两腿立直。两掌同时由内向外侧推出，掌心向外，掌指向上。目视前方。（图3）

3.坐虎势

右脚移于左脚前外侧半步，顺势全蹲成歇步。同时右掌经下向

上绕弧架于头上，掌心向上。左掌由上向下在体后甩。目视左侧。（图4）

图 3

图 4

4.左右扬掌

两脚不动，起身成叉步站立。同时左掌经下向上绕弧至胸前，向左前上方推出。右掌由外向内收回护于胸前。目视左掌。（图5）

上动不停，右掌由左向右上方撩出，掌心向外。左臂屈肘，左掌护于胸右侧。目视右侧。（图6）

图 5

图 6

5.夜叉戏海

抬左脚向左迈一步，仆地伸直，右腿全蹲，成左仆步。同时右掌由上向左经头后往右画弧，然后在右后侧上方击出。左掌由右随势向左前方抓，上体向左侧斜。目视左掌。（图7）

6.燕子抄水

收左脚并提膝。同时左掌经前由外向内抄，然后随势向怀内揽，屈肘变拳，护于胸前。右掌随势向内撩，然后向右上方撩。目视左侧。（图8）

图 7

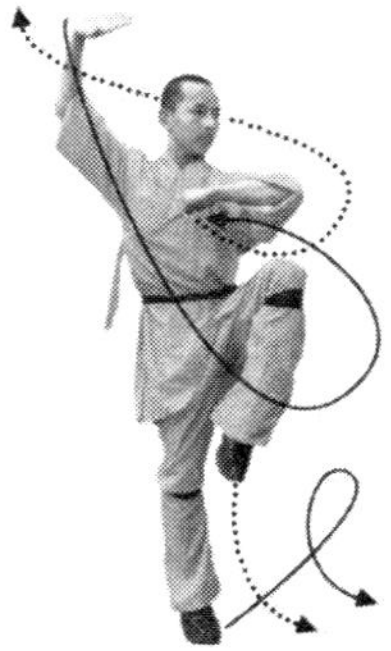

图 8

上动不停，左脚向左落一步，以左脚为轴，向左转体180度，同时右腿提膝。右掌随势由右向左侧下方抄撩，然后变拳，屈肘抱于胸前。左拳变掌，随势向左侧上方甩，目视右侧。（图9）

7.卧势打捶

右脚向右侧落一步，抬左脚移于右脚后外侧一步，两腿成叉

步，接着屈膝全蹲成歇步。同时右拳向右侧冲击，拳心向下。左掌向右架于头上前方，掌心向前。目视右拳。（图10）

8.转身打虎

起身，两脚蹍地，向左转体270度，两腿成左弓步。同时右拳随势向前冲击，拳心向下。左掌变拳由胸前向左侧上方画弧，架于头上，拳心向前。目视右拳。（图11）

图 9

图 10

图 11

9.合掌摆莲

两脚蹍地，向右转体90度立正。同时两拳变掌，护于腹前。目视前方。（图12）

上动不停，两脚随之向右转体90度跳步。当全身腾空时，出两手由外向内拍击右脚两侧（响亮）。目视两手。（图13）

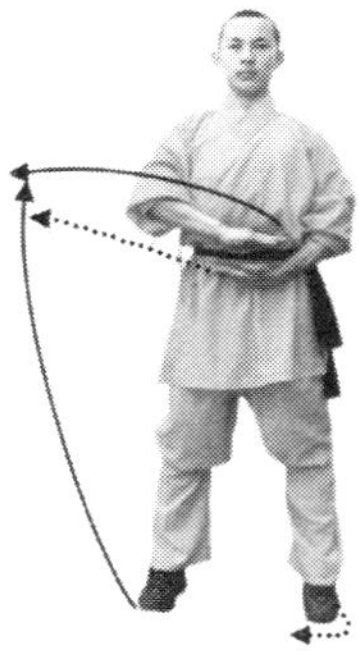

图 12

图 13

10.金鸡独立

右脚向前落一步，左膝向前提起。同时两手向前环弧，然后右掌由下向上，架于头上，掌心斜向前方。左掌由前向外向下，再向后甩。目视前方。（图14）

11.凤凰旋窝

左脚不落地，以右脚为轴，向右转体90度，抬左腿向左侧弹踢。同时两掌随势向两侧上方斜展，目视左脚。（图15）

接上动作，左脚向左落一步，以左脚为轴，向左转体180度，同时抬右腿随势向右侧弹踢，两掌在转身时会于胸前环弧，转身后向两侧斜展，目视右侧。（图16）

接上动作，右脚向右侧落一步，以右脚为轴，向左转体180度，同时抬左腿随势经后向左扫弹，两掌由胸前向两侧展撩。目视左脚。（图17）

图 14

图 15

图 16

图 17

12.转身打虎

左脚落于左侧一步，两脚踉地，向左转体90度。两掌随势向前环弧，然后抬右脚前上一步，两脚踉地，向左转体180度，成左弓步。两掌随势向前上方撩抓，接着右脚前上一步，两脚踉地，向左转体180度，成左弓步。同时两掌变拳，右拳向前冲击，拳心向下。左拳由内向外画弧，上架于头左侧，拳心向前。目视右拳。（图18）

图 18

13.三响二起

抬右腿向前顶膝，同时右拳变掌向前拍打右膝（响亮）。左拳经后绕弧下落，屈肘抱于腰间。目视右掌。（图19）

接上动作，右脚向前落一步，抬左腿向前顶膝。同时左拳变掌向前拍打左膝（响亮），右掌变拳，屈肘抱于腰间。目视左掌。（图20）

接上动作，左脚不落地，抬右腿向前向上弹踢。右拳变掌，向前拍打右脚面（响亮）。左掌变拳，屈肘抱于腰间。目视右手。（图21）

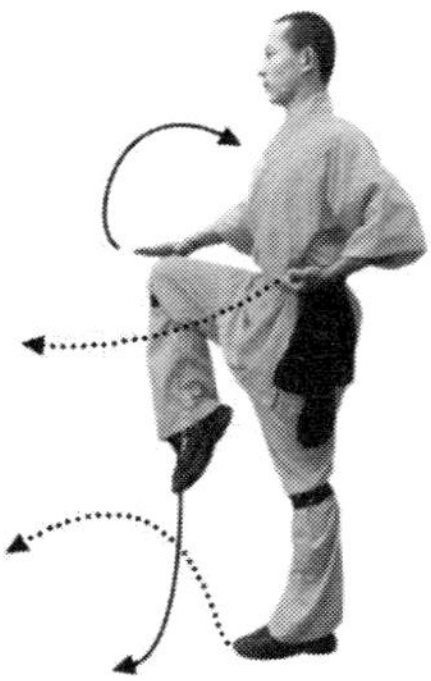

图 19

图 20

图 21

14.枯树盘根

右脚向前落一步，两脚踝地，向左转体180度，抬左脚移于右腿后外侧一步，两腿成叉步，然后两腿屈膝半蹲成虚步。右掌变拳向右侧下方斜劈。左拳由下向左侧上方撩出，拳心向下。目视左拳。（图22）

15.二起采脚

起身，右脚右移一步，两脚踝地，向右转体180度。两脚向前纵跳，右拳变掌拍打右脚面（响亮），左拳收回腰间。目视右掌。（图23）

16.旋风脚

右脚向前落一步，抬左脚前上一步，成叉步。右掌变拳经左向前下方撩打，左臂屈肘提臂，护于胸前上部。（图24）

接着抬右腿向前由外向内旋踢，同时左拳变掌向右拍击右脚内侧，右拳变掌向右侧斜撩。目视右脚。（图25）

图 22

图 23

图 24

图 25

17.勾跟带腿

右脚落于右侧一步。两脚踝地，向右转体90度，抬左腿向右后方倒踢，出左掌向后拍击左脚底。同时右掌向前上方撩。目视左后方。（图26）

接上动作，两脚不动，右掌由前向后拍击左脚外侧，左掌由后向前上方撩出。目视左侧。（图27）

图 26

图 27

18.飞摆莲

左脚向后落一步，向右转体270度，抬右脚前踢跳步。出两掌向前由外向内拍击右脚外侧。目视两掌。（图28）

19.弯弓射雁

落地后，右脚后退一步，两脚踉地，向右转体90度，两腿成右大弓步。同时两掌会于胸前环劈，然后左掌向前成正立掌推出，掌心向前。右掌向前抓，然后变拳，屈肘后缩。目视左上方。（图29）

收　势

收右脚与左脚并步立正。同时两掌在胸前交会，然后向外向内下垂臂，掌贴于两大腿外侧，掌心向里，掌指向下。身体挺直。目视前方。（图30）

图 28

图 29

图 30